Découvrez l'histoire par les archives de presse

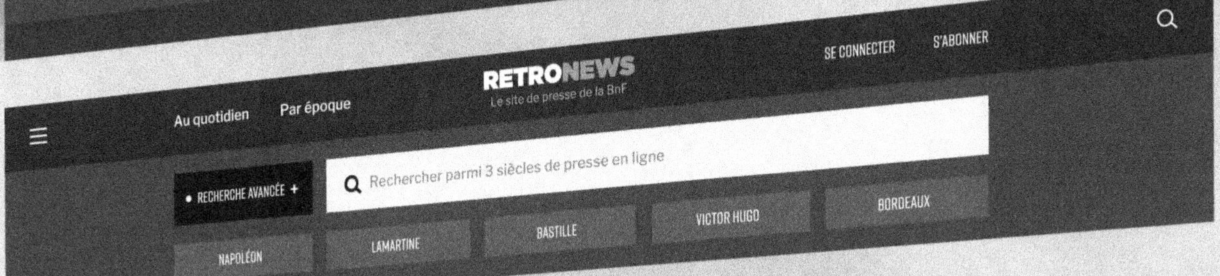

RETRONEWS

Le site de presse de la BnF

www.retronews.fr

Le Raseur Calédonien

fevrier – Avril 1877 –

12 N^os parus –   Collection complète

N° 7 DIMANCHE   1re Année   4 FÉVRIER 1882.

PUBLICATION   HEBDOMADAIRE

Prix 0.15   Prix 0.15

LE RASEUR CALÉDONIEN

— Et tu t'appelles ? Omoristie. — Et tu comptes sur lui pour dîner ? Oui — C'est vrai qu'il est beau, mais si tu ne veux pas serrer ta ceinture d'un cran je te conseille de changer son nom.

Feuilleton
LES CROISÉES
*Grande étude historique de cape
et d'épée à jeter par les fenêtres*

Aux Lecteurs

Il nous l'avait bien promis, notre savan- tissime docteur N. de S. S., que la délivrance serait pour aujourd'hui, aussi, confiant dans sa science, avons nous, depuis ce matin, endossé depuis ce habit noir aux basques élégantes, noué notre blanche cravate sur notre faux-col immaculé et mis des gants qui eussent fait envie à la neige, si la neige était comme dans ce pays du printemps.

Depuis ce matin aussi nous attendons, plein d'une anxiété profonde, indescripti- ble, le moment où la sage femme nous apportera le nouveau né.

— Sera-ce un garçon ou une fille ? Voilà la question que nous nous posons depuis douze mortelles heures. Question bana- le et dépourvue d'intérêt, dites-vous, Monsieur ? Question pleine d'intérêt au contraire, et, sans vouloir engager ici une polémique tendant à éclaircir ce point si important de la philosophie : Quel est le sexe le plus utile à la patrie. Je m'en rapporte au jugement de ce gros monsieur chauve, dont les protubérances frontales annoncent un es- prit élevé, il est époux nous en répondons, il

a des enfants qui le nomment leur père, nous sommes sûr qu'il ne trai- tera pas comme vous, une question qui, pour nous est le pivot, la cheville ou- vrière d'un État.

Enfin ! le voilà donc venu ce moment solennel. Nous entendons quelques cris, nos entrailles paternelles tressaillent de joie, ces cris... ah ! que notre langue est pauvre pour exprimer des sentiments semblables. Les cris d'un enfant qui naît sont pour un père les accents d'une musique céleste ; figurez vous le chant d'un oiseau de Paradis, ou pour vous faire mieux comprendre, le chant d'un canard qui aurait le cou pincé dans une porte. Aussi notre plume est elle inhabile à définir ce mélange d'une immense joie et d'une douce tristesse tout à la fois, que nous avons ressenti en entendant, pour la première fois s'exercer le larynx de notre canard moutard, veux-je dire. Enfin la porte s'ouvre... C'est un garçon n'est-ce pas Madame ? — Je... je n'en sais rien. — Comment ! mais ce jeune drôle s'est-il donc présenté sans raison- port ? il est d'un sexe quelconque

---

C'était en... la date du reste ne fait rien !! Louis neuf ainsi nommé parce qu'il était jeune, mais plus communément connu sous celui de Saint Louis (on n'a jamais bien su pourquoi) partait pour la Palestine en compagnie de sa noble épouse l'Impératrice des Français, Princesse palatine, ainsi appelée parce qu'elle en avait une.

Pour suivre son mari elle déposa son fils dans une école de frères igno- rantins à Ajaccio.

Le moutard versa bien quelques larmes. Sa mère ne pouvant le laisser sans un souvenir, déposa au greffe de l'école un jeu de piquet qui avait servi à Christophe Colomb ; plus tard nous dirons ce qu'il en fit et ce qu'il en advint.

Leurs Majestés dont le re- venu est modeste, prirent un train de 3ᵐᵉ classe P.L.M. et se firent conduire à la Ca- nebière, où ils furent reçus par les porte-faix de Mar- seille.

Tout le monde sait que c'est le plus grand corps

Courons aux preuves! — Ces preuves mais il n'y en a pas... Horreur!!! En effet il n'y a rien qui puisse permettre de classer d'une manière quelconque, de sorte, qu'au lieu de vous présenter victorieusement un beau poupon fait comme tout le monde, nous ne pouvons qu'implorer votre indulgence pour un être bizarre à l'humeur vagabonde, riant de tout ce qu'il entend, de tout ce qu'il voit, entrant d'un seul bond dans la vie en poussant un long éclat de rire. Si Dieu lui prête vie, c'est à dire que, si poussé par la curiosité vous venez à notre baraque apporter vos bons petits souhaits et vos vilains gros sous; il se dispose à faire entendre sa voix joyeuse et à entonner à pleins poumons ses plus gais refrains. Il veut être l'écho de ce qui se passe chaque jour, et comme il a la prétention d'être utile en même temps qu'agréable il invite tous les citoyens qui auront quelque chose d'intéressant à faire aux cinq communes, de bien vouloir profiter de la vigueur de son organe.

Vous êtes donc, chers lecteurs, la vie de notre enfant, mais si par hazard, vous lui faites défaut, il aura de même atteint son but s'il vit c'est une preuve qu'il vous amuse; s'il succombe, au contraire avant que les griffes et les dents lui soient poussées, les dernières grimaces de son agonie sa mort enfin vous feront rire encore. Vous voyez bien que sa gaité est contagieuse et qu'il vous est impossible de vous soustraire à son influence.

Faits divers

Hier la population a été mise en émoi par un phénomène singulier: Un bruit formidable se fit entendre tout à coup semblable aux ronflements d'une multitude de machines à vapeur. Les habitants et les animaux affolés fuyaient de tous côtés. Nous n'essaierons pas de transcrire ici cette scène de panique épouvantable. Notre charge de reporter, nous faisant un devoir d'affronter tous les dangers, nous nous élançames, rempli d'une émotion indicible jusqu'à l'Observatoire, où se tient, depuis un grand nombre d'années, notre ami et confrère le célèbre astronome. Naturaliste D...... qui donna l'explication de ce phénomène de la manière suivante: Ce que vous prenez pour un aérolithe est tout simplement un gigantesque scarabée de la famille des Gratia sur. Pline l'ancien d'après Buffon un commutationem ou si vous aimez mieux celui que Cuvier désigne sous le nom d'Annistium.

La définition de notre célèbre confrère de l'antique Phocée. Après un modeste repas, Louis et sa moitié visitèrent la demeure d'Edmond Dantès, ainsi que celle de l'abbé Faria, petits enfants d'Alex. Dumas; après avoir donné un schilling à l'homme chargé de nettoyer les susdits lieux, ils s'embarquèrent à bord d'un ponton ayant une machine de 3 ch.

La mer était calme et bleue et ses flots argentés se jouaient autour du bateau; les premiers jours furent heureux, les deux Majestés fumaient leur cigare sur le pont, quand tout à coup la vigie signale. Le ciel s'obscurcit on amène les voiles sur les vergues et l'Impératrice qui se trouvait mal à la bouteille!!! on ne s'est jamais bien rendu compte si c'était la mer ou le cigare qui était cause de son indisposition, le sang froid du roi ne se démentit pas pendant tout le grain, il fût digne de ses aïeux et prouva au monde entier qu'il pourrait faire un bon marin.

Arrivé à destination on les débarqua au

Prochain numéro. M G

— A Suivre.

et collaborateur était exacte, car quelques instants après le scarabée disparu sans laisser trace de son passage.

Dernières nouvelles. Midi 43° 7' 3"

Agence Havas Place de la Bourse au coin du Pic N'ga — Un incendie considérable s'est déclaré dans un four à chaux; le sinistre avait tout-à-coup pris des proportions terribles, les gardes nationaux furent convoqués en armes pour maintenir la foule qui se précipitait avec trop d'ardeur sur le lieu du sinistre, et qui par trop de dévouement aurait empêché la manœuvre des pompes, dont celle du Trocadéro avait dépassé de deux têtes celle de la rue Royale. Le bourdon de la Madeleine avait entonné (ne pas confondre avec la pièce d'Alexandre Dumas) le premier le tocsin.

Enfin après de nombreux efforts et des actes de courage inouï, on fit la part du feu, il ne restait plus plus que la chaux (pas l'avocat) et une pompe qui venait de Rouen sortant des ateliers de l'ail (Volatile qui n'est bon qu'en hiver. G. M.

Annonces Réclames, Avis Faits divers, Blagues, tout ce que l'on voudra à la Rédaction

Le Raseur Calédonien au Public

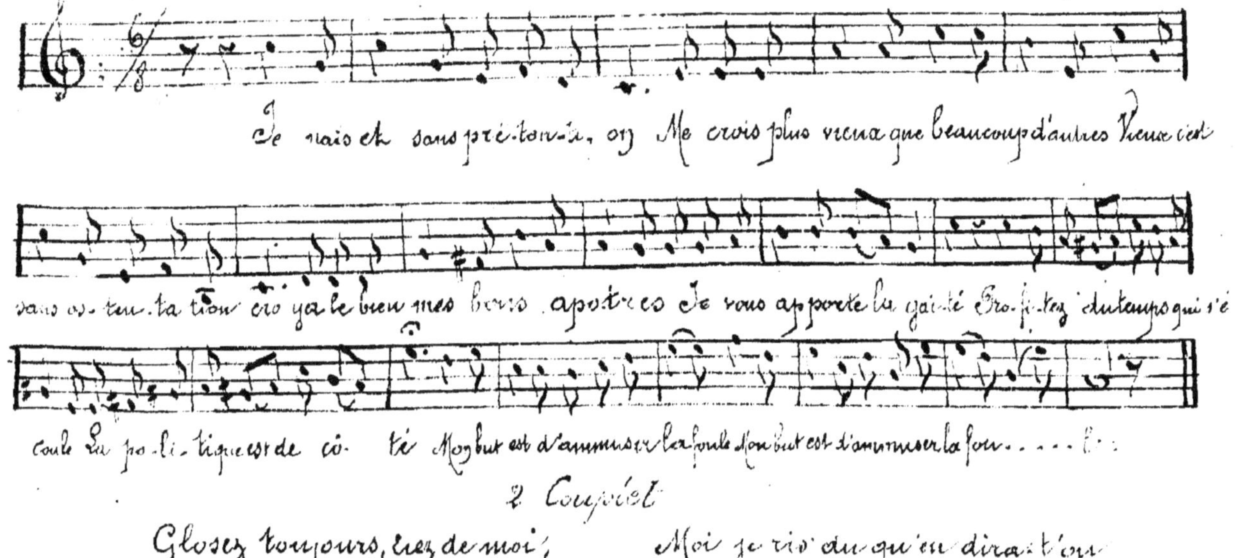

2 Couplet

Glosez toujours, riez de moi;
Je n'y mettrai jamais d'entraves
A d'autres la foule en émoi
Pourrait paraître chose grave

Moi je ris du qu'en dira-t-on
Et si ma gaité vous offense
Battez moi je me rends le bâton
Me moquant de votre impuissance. G. M.

Imp. Lith. Hocquard Ile des Pins.

N°. 6. DIMANCHE   1re Année. 11 MARS 1877.
PUBLICATION   HEBDOMADAIRE.
Rédacteur G.t   Feuil.ons (etc)
G.M.   M.G.
Pr. 0f15c   Pr. 0f15c
LE RASEUR CALEDONIEN
Que faites vous là, Cora ?
— Mais M'sieu je balaye la chambre !
— Je vous le défends entendez vous ? On pourrait croire que c'est une
manifestation politique et alors, pas de préfecture !

Partie et Revanche.

Nous empruntons le fragment suivant à la grande publication qui valut à Paul de Kock le prix Montyon. Notre dessin peut donner une idée de cette belle page d'histoire.

« ...... Au premier coup du beffroi, qui annonçait le signal du massacre, l'amiral de Coligny sortit de l'Arsenal, où cet illustre homme de guerre reposait ses rares cheveux blancs et sa barbe en pointe. Prudent comme une chatte, la clef de l'Arsenal lui servait d'oreiller, ce qui lui avait acquis le surnom de Magasinier.

Il était accompagné d'abord de son cousin de Nerk, connu chez tous les marchands de vins de la Synée, sous le titre de « Voyageur » (1) et de quelques officiers, résolus à soutenir les desseins humanitaires de leur Chef.

Cette troupe, où l'or des épaulettes semblait reluire sous la lumière flamboyante des becs de gaz, arriva promptement à l'hôtel du Duc de Guise, où l'avait précédée un bataillon de vieux grognards, commandés par un ami de l'Amiral.

Au moment où elle pénétrait dans la cour, qui n'a d'égale en grandeur, que celle du Czar de toutes les Russies, un désordre indescriptible régnait dans l'hôtel. Par les fenêtres ouvertes et violemment éclairées, voltigeaient des morceaux d'objets divers, pendules, matelas, suspensoirs, pianos, etc.,

Poêlons, fauteuils, oignons, mêlés aux trognons d'choux

Pleuvaient.........
Comme dit ce polisson de Racine dans sa belle tragédie « Le chapeau de paille d'Italie »

Sans se préoccuper de cet ouragan mobilier (Rien des Frères Péreire) Coligny s'approcha d'une grande et belle fenêtre qui s'avançait en balcon sur le milieu de cette cour si bien pavée, et cria d'une voix cassée, mais énergique encore.

— Eh! vieux ça y est-il ?
— Ça y est ! — répondit un organe qui rappelait aux gens du monde, les habitués du Père Ennette.

— Envoie le truc ! s'écria l'Amiral.
— Envoyez ! répétèrent les officiers.
— Gare dessous ! reprit l'organe sinistre.
Et une masse, un instant balancée dans le vide, vint s'écrabouiller Coligny, faisant jaillir à deux cents verstes de distance des flots de bitter Nojnip (ancienne marque) de Vermuth, de Bière, de Barsac, etc...

Les assistants terrifiés, en léchaient les manches de leur pourpoint, — pour se donner une contenance — gare dessous ! répéta l'organe toujours sinistre.

Et un second paquet vint s'aplatir à côté du premier, répandant autour de lui une odeur des plus intenses de cuisine polonaise. — Dieu vous en garde, mes frères ! —

Quesaco ? s'écria devant ce tas de paquets, l'Amiral, que ses longs voyages entre Paris et Lyon avaient initié aux secrets de toutes les langues.

— Le premier, c'est le Duc !
— Mille sabords ! Et sa sœur ?
— Elle vient de prendre le chemin (de Fer) de Saint-Lazare.

— Sacrement der Teufel ! rugit notre polyglotte, et l'autre ?

— L'autre, c'est votre ennemi personnel celui qui fit de votre auguste tête un jeu à 10 cts le coup.

— Ah ! Vingt mille Kilog., s'écria l'Amiral, en s'élançant d'un bond sur les paquets gisant à ses pieds

Et, malgré son âge, extrêmement avancé — si avancé qu'on ne l'aperçoit plus, — malgré son pince-nez — malgré les parfums divers exhalés par ses ennemis, ce brave marin du Tour-de-Marne se livra sur leurs cadavres au cancan le plus échevelé, en chantant à tue-tête le célèbre :

---

(1). Il ne faut pas confondre ce célèbre voyageur qui navigua trop longtemps dans les mers du Sud avec une grande dame dont le prénom Louise, s'additionnait du sobriquet de « Voyageur », et dont le galbe gracieux, les formes attrayantes, la voix rauque mais toujours séduisante, étaient appréciés à leur valeur du pont St Michel à la Statue de Ney.

« Mânes de nos aïeux ! » [Sur l'air de Met-
tez-moi ça dans du papier.]

Les officiers revenus de leur panique soute-
naient le chœur en gens qui ont dîné deux ou
trois fois le même jour.

Pendant ce temps, de Nerk, le voyageur, s'était approché des victimes, et murmu-
rait en se pinçant le nez :

— Dieu ! qu'il est gros ! Dieu qu'il est
maigre ! — C'est égal, ils puent rudement
tout de même !

— Silence, vieux ! — Désux Coligny,
en interrompant sa cachucha, pour prendre
une de ces poses majestueuses, familières aux
grands hommes qui parlent à la postérité,

— Silence ! Le corps d'un ennemi, plus
y pue, plus y sent bon !

Les fouilles profondes [Rien du Niel]
auxquelles nous nous sommes livrés au sujet
de cette blague célèbre, nous permettent d'affirmer que cette phrase est bien née dans le
cerveau ramolli du père Coligny, malgré
les historiens soudoyés par Pitt et Cobourg
et qui ont prêté cette affirmation malpropre
à un tas de héros, Saül, Charlemagne,
le Prince de Ligne, et en dernier lieu, à
notre regretté Ponson du Terrail......

[PAUL DE KOCK, Nouveaux essais his-
toriques et philosophiques, tome XVIII, chap III,
De l'influence de la St Barthélemy, sur la longé-
vité humaine, au XVIe siècle, pages 137,138,
139, 140).

VARIÉTÉS.

La mesure que vient de prendre l'autorité supérieure relativement aux cantines
met un grand nombre d'industriels sur le
pavé. Que vont ils devenir ? Fort heureusement nous pensons à eux. Nous prions
MM. les négociants et cantiniers dont la
Charité est tant comme de bien, vouloir
donner à ces malheureux (tous pères de
famille) quelques-unes des nombreuses
places de porteur d'eau dont ils disposent.

Nous espérons qu'ils n'auront pas à
se plaindre, nos protégés ayant une
aptitude particulière pour ce genre
de travail. G.M

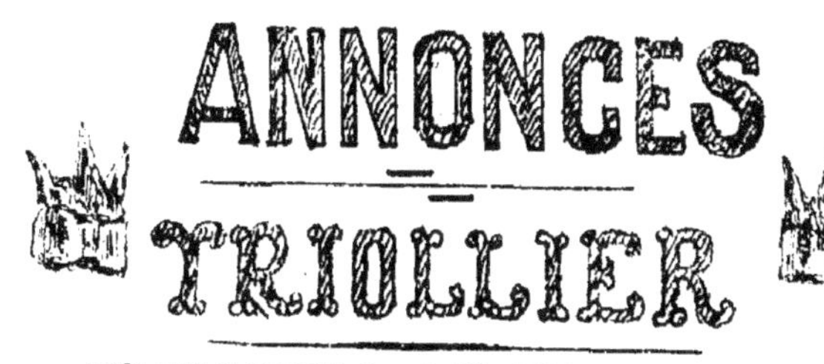

DENTISTE PEDICURE.

Extrait les Chicots.
Plombe les Dents.
Nettoyage de Machoires
Extirpation des Cors
Consultations tous les jours rue Saint Joseph.

Un abonné à perdu son
Tampon de Cheminée dans
le Camp du 1er Groupe, prière
de le rapporter,
au bureau du Journal,
il y aura Récompense.

Le mot de la Charade No 4. Raseur

Pour les annonces, faits divers, ou autres
s'adresser au Rédact. Gért G.M.

Les personnes abonnées au Raseur Cal.
qui ne veulent pas éprouver d'interruption dans la
réception de leur journal, sont priées de renouveler
leur abonnement le plus tôt possible —

Imprimerie Lithog. Hocquart.
Rue du Croissant—

Partie et Revanche.

Le corps d'un ennemi, pus y pue, pus y sent bon !!!

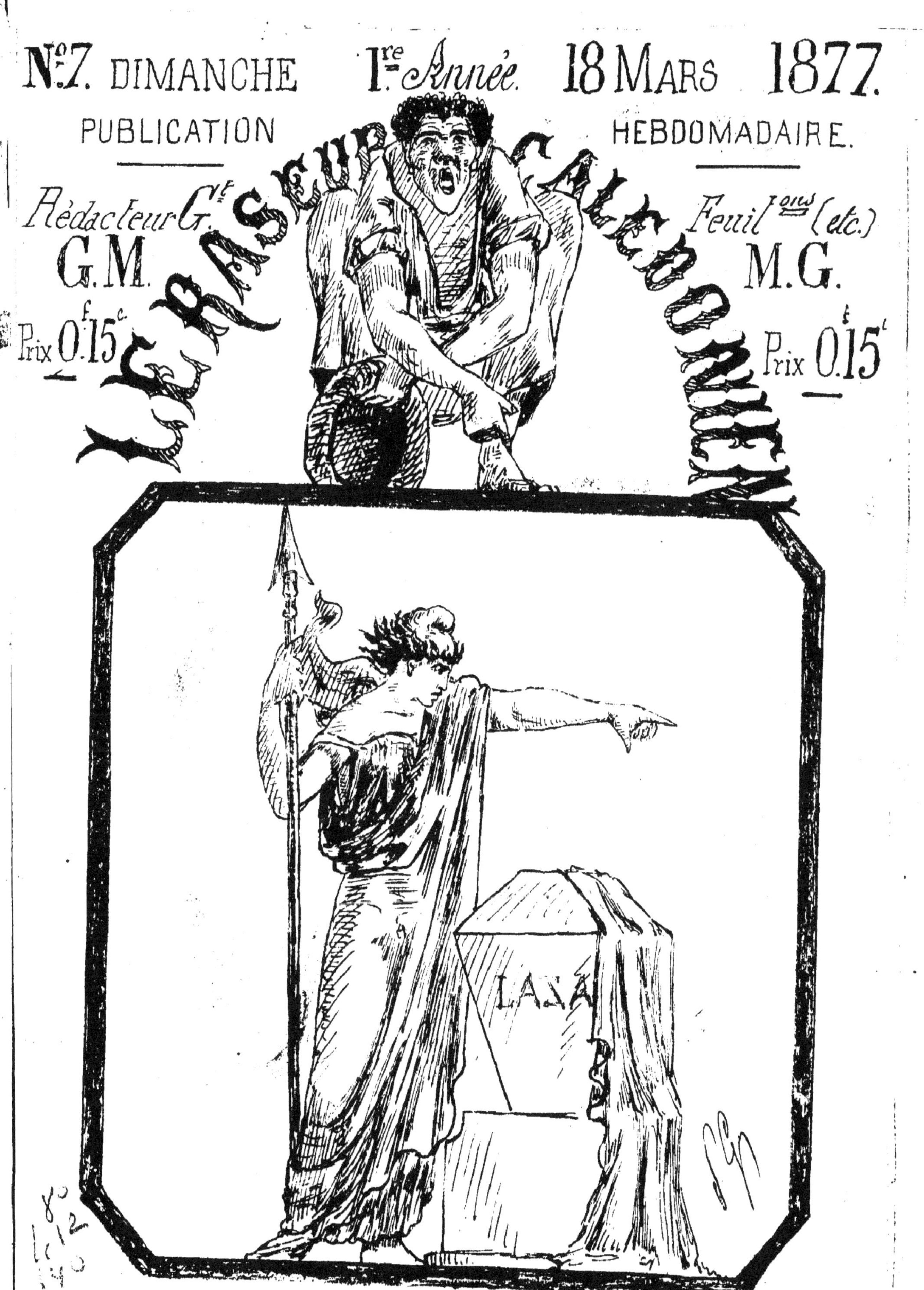

No 7. DIMANCHE
PUBLICATION
1re Année. 18 MARS 1877.
HEBDOMADAIRE.
Rédacteur Gt.
G.M.
Prix 0.15c
LE RASCUR CALEDONIEN
Feuilons (etc.)
M.G.
Prix 0.15t
LASA

Lazare !

Tout passe et meurt, mais aussi tout renait au creuset où la nature refond les éléments de la vie Éternelle.

Dès le début de sa carrière prophétique, le Christ se trouve face à face avec le Tombeau et sous le souffle divin du Verbe fait homme, le sépulcre rend sa proie et Lazare se dresse dans son suaire.

Puissante allégorie de l'Esprit qui vivifie ce que la nature désagrège, que nous trouvons exprimée aussi bien au seuil du monde antique qu'au terme de la philosophie moderne.

Capie sur son rocher comme un oiseau craintif, Andromède voit se renouveler chaque jour son supplice chaque jour le monstre enfonce plus avant ses griffes dans son sein, ses dents dans ses chairs et cependant elle espère. La justice et le droit sont indestructibles, ils planent au-dessus des haines et des violences, elle le sait et elle espère le bras puissant qui la délivrera.

Toi aussi pauvre Andromède, patrie bien aimée, mère Chérie, tu plonges dans l'avenir des regards ardents, car, comme dit le poète tes tendres mains sont enchaînées.

Espérons avec toi, car l'espérance est notre seule et dernière richesse.

Mais quel sera ton Persée.

EPAVE

Ceux qui hier encore étaient exubérants de jeunesse et de vie, ne sont plus aujourd'hui que de livides cadavres roulés par les vagues

Cependant jamais leur mémoire n'a été plus respectée, jamais leur attitude n'a été plus imposante pour tous. Je n'en veux d'autre preuve que ces modestes fleurs pieusement déposées sur une poutre pourrie.

Hélas! sous le soleil brûlant de notre terre d'Exil, vous vous fanerez bientôt, chères petites fleurs;

FEUILLETON.

Les Croisées,
Grande étude historique,
de Cape et d'Épée
à jeter par les fenêtres.

I. (Suite).

Qui lui chantait cette touchante ballade: Bon voyage Sire Dumolet!!

Notre état de romancier ne nous permet pas d'entrer dans tous les détails du voyage de l'illustre monarque, contentons-nous de dire que le courage qu'il déploya, élève ces pérégrinations à la hauteur d'une épopée. Et ceux de nos lecteurs qui désireraient en faire une étude approfondie nous les renvoyons à l'histoire de Touche-à-tout, tome CXXVI, p.

au soufle du vent votre parfum s'évanouira dans l'éther impalpable. Mais ce que ni les vents ni les passions ne dessècheront jamais c'est la fraternité qui a fait-battre vos cœurs; c'est le souvenir qui vous a cueillies.

O vous tous qui n'êtes plus! morts d'hier! quelques malheureux chassés de leur patrie vous ont élevé votre Cénotaphe avec quelques fleurs sauvages sur l'épave du bateau qui devait vous conduire au néant ou à la liberté.

VARIÉTÉS.

On nous écrit de Moscou:

Le *Figaro*, trois mats Barque de 42.000 Tonneaux, capitaine Caméléon, vient de rentrer dans notre rade, après une campagne de 15 jours au pôle sud. Ce navire a eu le bonheur d'opérer la capture d'un Constitutionellum, énorme serpent de mer, qui depuis long temps est l'effroi des navigateurs.

Celui qui a été pris par le *Figaro*, est une femelle, elle n'a pas moins de 345 mètres de long sur 85 de large!

Le bocal dans lequel on a jugé prudent de renfermer l'animal est exposé à la vitrine de Mr D..... pharmacien

Au moment de mettre sous presse, on nous informe que le directeur d'un des grands journaux de Paris a fait des offres énormes afin d'acquérir le Constitutionellium pour son musée particulier et de cette façon donner un démenti formel à toutes les personnes qui prétendent que ce serpent n'a jamais existé que dans les colonnes de son journal.

Au Séminaire à l'examen préparatoire:

Le maître: Si comme cela peut arriver, vous trouviez une araignée dans le St Ciboire, comment vous y prendriez-vous pour l'en expulser?

L'Élève, Mais je ne sais pas.

Le Maître: Pour ne pas troubler le sang du Seigneur vous l'avaleriez sans y toucher, mais si elle vous dégoutait trop, vous la prendriez délicatement entre le pouce et l'index pour la jeter en dehors de l'autel. Souvenez-vous bien de ceci:

L'Élève n'eut garde d'oublier la leçon

2685 § 315.

Après avoir traversé l'Indo Chine il s'arrêta aux pieds des montagnes Rocheuses, tout à côté des Pyrennées, un instant il se crut égaré - lorsqu'il aperçu un Chasse-pot qui se promenait au bras d'une sentinelle. surpris, mais non étonné, il s'approcha de ce vieux grenadier de la vieille garde échappé à la retraite de Russie, et lui tint ce langage.

Que fais-tu là mon brave?

La sentinelle fit un demi tour, et présentant les armes, lui dit: Qu'est-ce qu'il y a pour votre service?.... Venez-vous enfin pour me relever il y a assez longtemps que je pose!

Non, mon garçon lui répondit le roi - Mais je voudrais savoir si tu ne connais pas un nommé Mahomet,

[A Suivre.]

Quelques temps après à la Sorbonne.
Un examinateur au même Étudiant.

— Si vous trouviez un âne sur les
marches de l'Autel, comment feriez-
vous pour l'en chasser ?

L'Élève. Je l'avalerais sans y toucher s'il
ne me dégoutait pas, ou, dans le cas contraire, je le prendrais délicatement
entre le pouce et l'index, et…..

Le maître. Assez ! Assez !

G. M.

Hannetons de Bétinet.

La loi est comme une paire de
Godillots, ça gène mais ça protège.

La nuit porte Conseil et la femme
neuf mois.

Il faut moins de force qu'on
ne croit pour être facteur, l'adresse
suffit.

Sais-tu Pacco quant est-ce
qu'une femme elle devient déesse ?

— Non sargent.

— Imbécile ! c'est quand on lui
a donné un rendez-vous et qu'elle
y est Venus.

Un ami ressemble beaucoup
à un vieux parapluie, dans les
jours d'orage tous deux fuient.

G. M.

Nᵒ 8 DIMANCHE — 1ʳᵉ Année. — 25 MARS 1877

PUBLICATION — HEBDOMADAIRE

Rédacteur G⁺ M.G.   Prix 0ᶠ15ᶜ

Feuil.ˡᵒⁿˢ (etc) M.G.   Prix 0ᶠ15

LE RASEUR CALÉDONIEN

UNE MATINÉE
DANS
L'OLYMPE.

Nous continuons à représenter, tels qu'ils apparaissent à notre imagination enchantée, les Dieux et demi-dieux qui gouvernent le Paradis.

Après les Anges Gardiens et les Esprits Familiers que nous avons fait les premiers pour observer cette parole de l'Évangile: Les derniers seront les premiers et les premiers seront les derniers; nous trouvons en montant l'Échelle divine, [ne pas confondre avec celle du Levant] les grands dieux Mercure, Minos et pour couronner le tout Jupiter le souverain maître.

Pour mieux faire comprendre à nos lecteurs les attributions de ces personnages mythologiques, nous reproduisons une petite scène que nous pûmes voir un jour où nous plongions notre œil profane à travers une fente de la cloison Olympienne.

La scène se passe sur la grande table du Conseil; sous la table quelques foudres de rechange. — Dans un coin un sceptre; quelques bouteilles d'Ambroisie P......

sur la table; l'Oiseau de Jupiter, un magnifique dindon fait la roue sur l'épaule de son maître. Quelques petits chefs d'œuvres de peinture signés Bonneau et Picard accrochés dans le vide.

Le grand Maître des Cieux est encore plongé dans le sommeil au moment où Minos et Mercure pénètrent dans le nuage sacré, le bruit qu'ils font en entrant réveille Jupiter qui se fourre les poings dans les deux yeux en disant dans un bâillement prolongé et avec cette voix enrouée mais majestueuse qui le distingue des autres immortels : Comment déjà, décidément il n'y a plus moyen de dormir dans l'Olympe, — Je finirai par donner ma démission de Dieu.

Enfin! Minos dites donc au sapeur Ganymède de nous apporter la bouteille de Nectar que nous laissâmes hier à moitié vidée. A ces mots la figure de Minos s'éclaire d'un de ces purs rayons qui nous éblouissent nous autres pauvres mortels, il se dirige d'un pas allègre du côté de la porte et s'acquitte de sa commission avec un visible bonheur.

Aussitôt le sapeur Ganymède apporte la bouteille en question et verse dans les coupes la liqueur divine qui par sa couleur rappelle l'espérance, ce don des Dieux.

— Eh bien, mon cher Mercure! quoi de nouveau? fit Jupiter aussitôt qu'il eut savouré quelques gouttes d'Ambroisie. Les mortels sont-ils satisfaits de la façon dont je les gouverne.

— Assez Seigneur; sauf quelques exaltés qui murmurent toujours, mais j'ai lieu de les croire réduits au silence pour quelque temps car je viens de disperser leur société.

— Bah! bah! fait Jupiter en se frottant les mains, racontez-nous cela tout au long.

— Il y a quelques jours, un des esprits familiers vint m'avertir que quelques mortels se réunissaient dans la Grotte d'Eglé.

— De quoi est-il accusé? fit Minos, qui s'était endormi aux premiers mots.

— De rien, mon cher, continuez Mercure.

— Oui, Seigneur, je reprends mon récit: Je donnai des ordres pour que la chose restât secrète, et hier soir accompagné de quelques gardes choisis parmi les plus dévoués je me rendis sur le lieu de la réunion, je fis immédiatement cerner la Grotte d'Eglé.

De quoi est-il accusé? demanda Minos qui s'était rendormi.

Voyons, Minos, dit Jupiter, n'interrompez pas comme vous le faites ou nous n'en finirons jamais.

Minos se contente de boire un verre de Nectar et s'endort de nouveau. Mercure, continua ainsi:

Quand je me fus assuré qu'aucune issue n'avait été laissée sans garde je pénétrai dans la grotte; dirigé par la lumière je ne tardai pas à arriver dans la salle où les conjurés étaient réunis, mais fatalité! au moment où je fis irruption il n'y avait plus personne.

— Avez-vous bien cherché partout, sous la table, dans les coins!

— Oui, Seigneur, je n'ai laissé nulle place

On la main...

— Bon, bon, je connais la suite, enfin qu'avez-vous trouvé?

— Nous avons pu saisir plusieurs casques en boîte de conserves, une certaine quantité de glaives et de poignards en carton dont les pointes avaient été trempées dans le vin de Pilsu pour rendre les blessures mortelles.

— Bigre, les gaillards n'y allaient de main morte, et pas la moindre liste!

— Non Seigneur, pas un seul nom, mais les Esprits à qui rien n'échappe ne tarderont pas de découvrir les coupables.

— Coupable, j'en étais sûr, dit Minos, qui se réveille à ce mot, faites le comparaître.

— Mais c'est qu'on n'a pas encore pu les découvrir, on les cherche activement.

— Tâchez que ce ne soit pas long

— Amenez les moi aussitôt pris et malheur à eux, fit Jupiter, avec un froncement de sourcils si terrible que tout l'Olympe en fut ébranlé et que nous fûmes précipités sur la terre!

FACTAGE LOCAL.

Cette utile entreprise, fondée, il y a plus d'un an, par notre camarade Léonce Rousset ne nous paraît pas assez appréciée par tous. Quelle commodité cependant de pouvoir chaque jour communiquer d'un groupe à l'autre, d'un groupe à tous les autres, moyennant une redevance de 10, 15, 20 ou 25... c'est-à-dire à meilleur compte que la poste ne prend en France. — Jusqu'à ce jour ce service a été si régulièrement fait qu'il n'a pas donné lieu à la moindre réclamation.

L'Ad. du Factage Local se charge du transport quotidien des Lettres et des Paquets pour les Cinq groupes, de l'expédition et de la vente à Nouméa de tous les produits agricoles et manufacturiers, des recouvrements, etc.

Elle a établi un bureau dans chaque Groupe : Au 1er Chez Léonce Rousset, (Bureau Central =) 2e Chez . 3e Chez Mme Delborbe, (Bureau de Tabac.) 4e Chez Mr Fuzier, Épicier. 5e Chez Mme Martinot, Bureau de Tabac.

Nous ne saurions trop engager nos lecteurs à populariser cette entreprise. Lorsque l'un d'entre nous crée quelque chose d'utile, il est de notre devoir à tous de concourir à sa réussite. P.M.

Les débiteurs de la maison Pélissier et Castanet sont invités à régler leurs comptes entre les mains de Mr Geofroy leur fondé de pouvoirs.

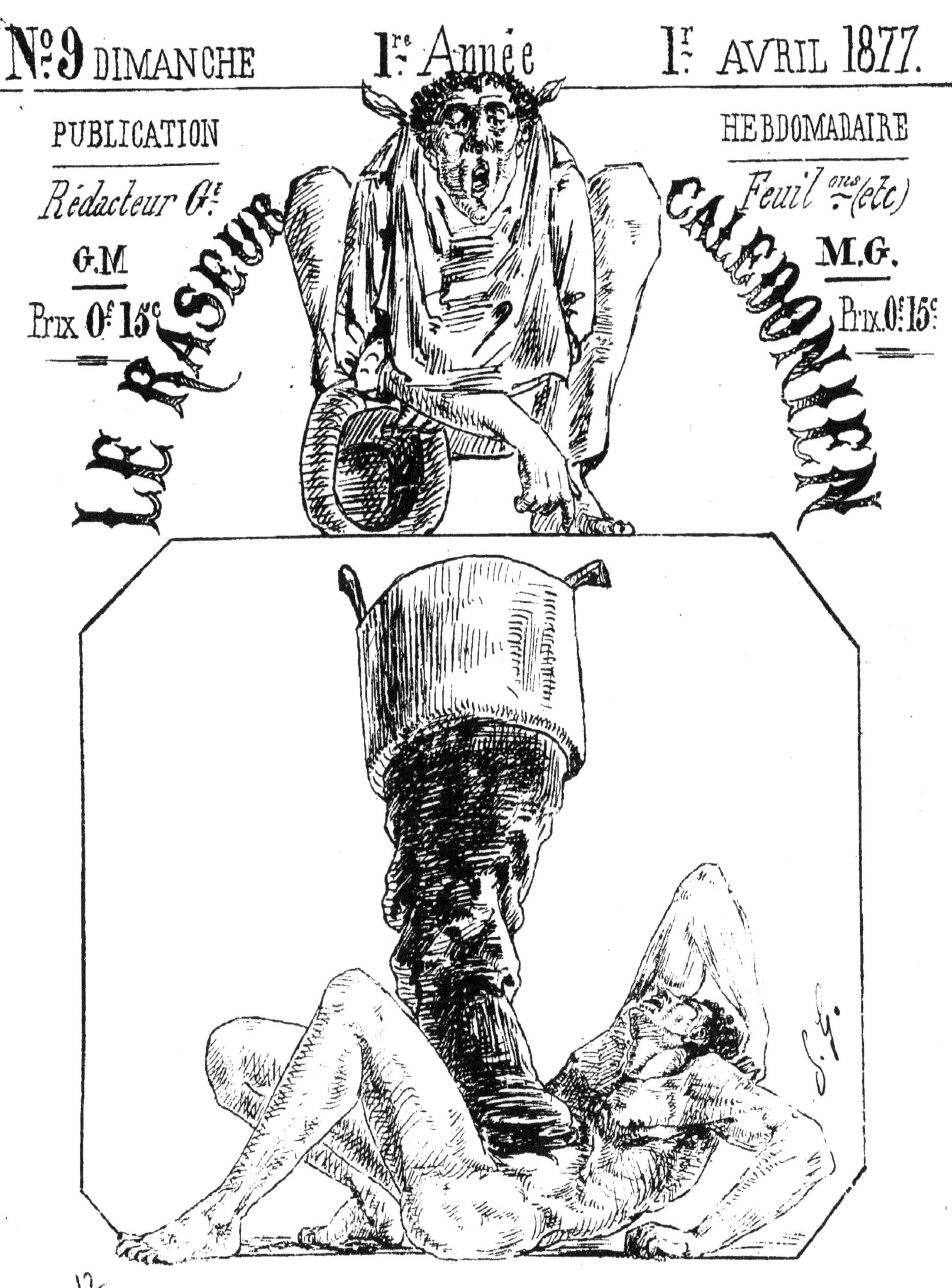

N° 9 DIMANCHE
1re Année
1er AVRIL 1877.
PUBLICATION
HEBDOMADAIRE
Rédacteur Gr:
Feuil ons (etc)
G.M
M.G.
Prix 0f 15c
Prix 0f 15c
LE RASEUR
CALEDONIEN
ASSEZ! ASSEZ!

Nou, 28 Mars, 1877.

À Monsieur le Directeur du Raseur Calé[donien]

Monsieur le Folliculaire

Vous me demandez, mon autorisation, pour publier le...... le...... enfin, la chose que vous m'avez présenté et qui doit...... m'éteindre.

Quand l'immortel Guilloutet élevait de ses mains intelligentes le fameux Mur de la vie privée, — il avait évidemment en vue votre infecte — Je crois rester dans la vérité et dans la courtoisie nécessaire, comme dit notre vieux copain Thiers, — je répète donc, votre infecte petite publication, le Raseur Calédonien; — il avait compris qu'il y a dans la presse, — surtout dans la presse illustrée, — un parti pris de baver sur les plus pures gloires contemporaines.

Et son généreux projet, accepté par la plus respectable et la plus inepte des majorités, mettait un frein nécessaire et légitime au débordement de vos abjectes invectives.

Vous le savez, Monsieur, depuis mon âge le plus tendre, — j'avais à peine un mois ¾ — je manifestais mes folles tendances réactionnaires. J'étais conservateur et conservateur pur, attendu que ma sœur de lait m'ayant disputé le sein de notre nourrice, et ayant élevé des obstacles que j'avais le droit de prendre pour des barricades, — j'écrasai son insurrection, et je m'emparai d'assaut, — du bobêchon de notre nourrice.

Vous devez comprendre, Monsieur le Rédacteur, qu'après ces juges donnés au grand parti de la conserve (alimentaire), de la famille et de tout ce qui s'en suit, j'ai le droit de protester contre le portrait que vous publiez, et les lignes dont vous croyez devoir appuyer votre manifeste indécent.

En raison de quoi, toute réflexion faite,

J'ai l'honneur et le regret de vous refuser formellement mon abonnement septennal à votre petite machine.

Dont auquel je suis bien le vôtre,

Victor Cosse.

À Monsieur le Directeur du Raseur Calédonien.

Monsieur le Directeur,

« Quitter Bacchus, c'est bien dommage.
Sans Vénus, peut-on être heureux?
Ma foi, quand on est à notre âge,
Il faut les aimer tous les deux. »

Vous me bassinez depuis 15 jours pour avoir la Biographie de votre ami Victor Cosse, — pourquoi ne l'écrivez-vous pas vous-même?

Vous craignez les représailles? À cela près, je me risque. J'en serai quitte pour me borner à une simple énumération de détails biographiques, en me gardant de toute appréciation. Votre héros est né en 1839, au mois de mai, et ses premiers vagissements, — car l'histoire reconnait qu'il vagit, — eurent pour accompagnement le retentissement brutal du canon, et les crépitements agaçants de la fusillade. C'était Louis-Philippe qui causait politique avec Barbès et Blanqui.

De là toute la destinée de ce mal heureux Totor, car, c'est sous cette abréviation familière qu'il fut présenté à ses contemporains.

Sous l'influence de ces déplorables auspices, et les oreilles encore pleines de clameurs insurrectionnelles, il entre au collège, et je vous laisse à penser s'il a légèrement épuisé la patience des hommes intelligents, mais parfaitement grotesques, qui étaient chargés par S. Exc. M. le Ministre de l'Instruction Publique, de lui prouver que Cicéron — le Jules Favre de son époque — valait infiniment mieux comme homme d'État que Catilina, ou comme écrivain que Salluste.

Après un nombre incommensurable de jours de retenue, de privations de sortie, de prisons, etc., votre jeune révolutionnaire, se présente à la Sorbonne, par un beau jour de soleil, et,

après avoir déclaré à MM. Leclerc,
Egger, etc., tous diplômés comme professeurs de faculté que 2 et 2 font 7, et que
Dumas est infiniment plus intéressant
que Pline le jeune, (et même que l'ancien)
il sortit muni d'un diplôme qui lui permettait de payer de forts droits au Gouvernement pour compléter ce que l'on nomme
une instruction supérieure.

— Ah! supérieure! — Quelle jolie blague!

Comme la paresse est un des péchés mignons
de votre héros, il ne voulut pas se déranger,
et pour ne pas changer de quartier, il se
présenta à l'Ecole de Droit.

A cette époque brillaient les Pellat,
les Oudot, les Bugnet, les Duvergier,
toute cette pléiade de juristes qui ont infil-
tré dans la jeunesse ces doux principes de
réaction qui font à la fois la gloire de
notre Ecole, la prospérité du pays, et
servent d'insecticide à la bande révolutionnaire.

Soumis pendant trois ans à ce régime
désinfectant notre étudiant y contracta la
déplorable manie de prendre les grands
hommes du Barreau pour des farceurs,
et ses professeurs pour des émules de
Ravel et Grassot.

Toujours cette fatale influence de 1833!

En quittant le grand portail de la place
du Panthéon, il jeta un coup d'œil autour
de lui, et vit que, par une négligence bien
regrettable de l'administration, cette place
avait conservé un nombre incalculable
de pavés dont l'alignement monotone pré-
sentait un aspect désagréable.

Il lui vint, naturellement, comme elle
vous serait venue, l'idée de lever ces pavés
et d'en faire des petites murailles pour.....
pour voir l'effet.

On lui fit comprendre que trois cent
mille hommes étaient chargés d'assurer
le pavage de la ville de Paris, et qu'il y
aurait inconvenance à déranger de leur
repos et de leur profonde quiétude ces
braves ouvriers paveurs qui dormaient
dans leurs casernes, l'arme au bras.

Gêné dans ses distractions, votre
héros se dit « Puisqu'on ne peut plus faire
« de petites murailles avec des pavés,
« je vais me jeter dans la presse. »

Et il se jeta dans la Presse!

Ah! mon bon monsieur, c'est là l'abomination de la désolation.

Il n'était pas dans cet abîme depuis trois
mois, qu'il se permettait déjà de juger
les Ministres, les préfets et les gardes-
champêtres. Il leur trouvait de plaques, et il
raillait les crachats dont ces Messieurs
étaient couverts.

Vous voyez d'ici où tout cela pouvait le
mener. Après avoir mutilé pendant quelques années les grands hommes qui
ont fait la prospérité du pays, et avoir
dit, croyant faire un mot, qu'ils travail-
laient pour le Roi de Prusse, on sent
le besoin d'en faire une façon d'acadé-
micien (?) et quatre écrivains, unis par
leurs ardentes convictions, un Orléa-
niste, un légitimiste, un bonapar-
tiste et un républicain le présentent
à la société des gens de lettres qui
l'accepte en manifestant une joie
aussi profonde qu'inexplicable.

A partir de ce jour fatal, notre
littérateur ne connaît plus de bornes à
son insolence.

Il se croit en droit de demander au
Gouvernement des comptes comme à
une simple cuisinière. Il parle sévère-
ment de l'anse du panier qu'il sur-
prend en flagrant-délit de cancan
intempestif.

Mais le Châtiment n'est pas loin.
Ses condamnations lui arrivent, comme
les pièces de 2 sous à une quête de charité

Heureusement, un nouvel ordre de
choses, s'établit, comme on disait autre-
fois, et il peut espérer que ses manies
révolutionnaires vont pouvoir s'exposer
tout le long, le long du gouvernement.

Ah! ouiche! Voilà qu'un jour,
ennuyé de voir des Allemands
boire notre vin, il se rappelle que la
place du Panthéon a encore des pavés, — et pour cet effort de mémoire,
on lui conseille d'aller vérifier la
hauteur des cocotiers de l'île des Pins,
et les conditions de l'association entre
le fleuve Ubu et notre ami Sutter?

Si c'est croyable!

C'est vrai, cependant!

Aussi, revenu de ces intempestives
manifestations révolutionnaires, il a,
se souvenant des doctes enseignements
de ses professeurs, borné sa vie au

culte de quelques divinités payennes. —
Bacchus et Vénus ont remplacé Marat
et Robespierre, — au moins le dit-on.
Mais moi qui le connais, je puis vous
affirmer que Vénus, malgré ses ardeurs
non plus que Bacchus malgré son
ivresse, ne lui ont fait oublier Camille
Desmoulins et Danton.

L'auteur anonyme de la biographie
de notre ami Totor a bien raison
de ne pas craindre les représailles, et,
nous le soupçonnons fort d'avoir puisé
les renseignements à leur source, ce
qui fait qu'ils ne sont pas clairs du
tout. Que Totor ait lâché Thémis
qui n'est qu'une vieille prude pour sa-
crifier à Vénus nous n'en doutons pas,
mais encore faut-il savoir de quelle
Vénus il est question, car il en existe
plusieurs, et entre la Vénus de
Milo et la Vénus Hottentote, il ne
pouvait balancer, son goût exquis
l'a naturellement poussé vers cette
dernière.

Que de bouteilles de..... toutes
sortes de choses, avez-vous dû vider
avec votre héros, cher Monsieur anonyme, pour lui passer, d'une main
aussi légère, le Blaireau sous le
menton; certes il faudrait que Totor
fut bien chatouilleux pour se fâcher.

Votre éternel dévoueur est
né, dites-vous au bruit du canon et
de la fusillade, de cette dernière
il n'a absolument gardé que la voix
de fausset si agaçante, quand aux
canons, il aime toujours les entendre
résonner sur le comptoir mais pas
dans la rue.
Toujours cette Fatale influence de 1839. G.M.

Nécrologie.

Bagard. Jarrin. Meyer. Dunker.

N.º 10 DIMANCHE — 1re Année — 8 AVRIL 1877

LE RASEUR CALÉDONIEN

PUBLICATION — HEBDOMADAIRE

Prix 0f.15c — Prix 0f.15c

Les Augures ne pouvaient se regarder sans rire.
[V. Duruy.]

CHRONIQUE

On n'approche pas impunément de ce qu'on nomme en France, la semaine sainte. Si nous n'avons pas eu Longchamps, nous avons joui de la foire aux pains d'épices, aux jambons, avec des accessoires ordinaires, mâts de cocagne, animaux féroces, grotesques de tout genre et spectacles de toute nature.

Tandis que Mignonneaux & Salmon, les Véro-Dodat, de l'île des Pins, étalaient les appétissants produits de leur industrie, tandis que FRISON, le Bignon d'Uro, excitait notre gourmandise, par son exposition de pâtisserie variée, — à des prix modérés (1), — quelques jeunes hommes, aussi sérieux qu'intéressés, s'approchaient du mât de cocagne planté par l'Administration, et qui promettait aux vainqueurs 2 bailles d'eau, symbole des Cantines à distribuer.

La lutte fut vive, peu courtoise, mais intéressante à quelques égards.

En face de 55 ans de probité, se dressait plein d'ardeur l'émule, le rival, disons-le, le successeur de Richer.

Les concurrents ne manquaient pas. Chaque minute en voyait surgir de nouveaux. Et quels concurrents! Un d'eux était venu en phaéton, conduisant avec la grâce qui le caractérise, un pur-sang d'Australie.

Un autre, que son âge devrait encore dispenser de l'obésité, s'apprêtait à prendre part à la lutte.

J'en passe et des plus drôles! Quel coup d'œil, mes bons amis! Mais à quoi bon tant d'efforts!

(1). FRISON, mon bon, voici une fine réclame qui vaut un éclair. (Le temps de la lire).

« Rien ne sert de courir, il faut partir à temps»
Comme disait l'immortel LOUIS XIV (mort en 1717), par la bouche d'un de ses poètes.

Ils ont bien couru, bien marché, bien sauté, bien caressé celui-ci, bien mordu celui-là, et tout cela, pour aboutir à s'en retourner. Gros-Jean, comme devant.

Mais, au moins, sont ils partis, en ayant le bon goût de se taire, — sans murmurer, comme le vieux grognard de Scribe.

Hélas! si tous les vieux grognards ressemblaient à celui-là!..... s'ils pouvaient se taire, — sans murmurer!

J'en connais un qui, après avoir loyalement payé son abonnement, a cru devoir insinuer à la Rédaction. Que l'Anonymat était une maladresse parce qu'il laissait supposer des choses, mais des choses!.... par exemple, que Mourot avait rédigé l'article qui l'éreintait, — que le Ministère avait les yeux ouverts — même en dormant sur ce pauvre Rascut, ce qui nous laissait supposer que le Ministère dormait en........

Brigadier, vous avez raison!

Aussi, dès que — nous aurons pu constater ce phénomène singulier, — et pour cela, il ne faut que nous ramener à Paris, — nous nous hâterons de signer tout ce que vous voudrez, même votre retour à l'île des Pins.

NOS GRAVURES.

1re Page.

«..... Alors, le Sénat et les chevaliers, s'étant réunis sous la présidence du Consul Bartholomeus, on procéda à l'élection de deux augures, Petrus Emilius et Regulus Marcus furent nommés.

Le peuple romain, habitué à ces singulières cérémonies laissa faire, mais il savait à quoi s'en tenir, et après avoir échangé quelques sarcasmes, les citoyens, qui savaient ce que cachait de roserie le caractère officiel et auguste des deux nouveaux élus, disaient tout haut en faisant claquer leurs doigts :
« C'est égal, si ceux-là peuvent se regarder sans rire !..... »
[Tite-Live, lib. III, cap 7.]

4e Page.

Comme cette bonne nature humaine est bien toujours et partout la même ! Voyez ces excellents camarades n'attendant presque celui dont ils convoitent la succession, soit enterré, pour se disputer ses dépouilles

Au surplus, pourquoi des scrupules ? L'important n'est-il pas d'arriver ?

Et qu'importe le moyen ! qu'importe l'échelle qui nous fait atteindre le but ?
Ah ! les nobles vainqueurs !
L'un, arrive, hissé au bout d'une seringue comme un autre Pourceaugnac,
— L'autre, monté sur le dos de ses illustres maîtres !
Et les vaincus ! quel joli assortiment de..... malades ?..
Ah ! je vous le dis, en vérité ! Cette bonne nature humaine réserve toujours de bien consolants spectacles au philosophe.

Mr Roger, a l'honneur d'informer le public qu'un dépôt de ses fromages est établi, pour le premier groupe a la Pension des Travailleurs, Maison Frison, et que tout fromage vendu en dehors de cette maison n'est pas de sa fabrication.

Mr ... Pelissier ex-général de la comm... Marseille, nous avait communiqué ... charmante pièce de vers intitulée ... l'abondance des matières nous empêchant de l'in... nous la livrerons au public au prochain numéro

ANNONCES.

Ile des Pins, Lith. Flocquard rue du Croissant.

N° 11 DIMANCHE — 1ᵉ Année — 15 AVRIL 1877.

LE RASEUR CALÉDONIEN

PUBLICATION HEBDOMADAIRE

ILE des PINS — NOUMÉA

Un Mois 60c — Un Mois 80c

Champignons animés. (d'après Grandville)

CHRONIQUE

On me rapporte une bien amusante anecdote qui vient des rives du Peï-Hö, et je ne saurais mieux faire que de vous en donner la primeur.

Il existe là bas, dans une des îles qui fleurissent, — c'est le mot, — ce beau fleuve, une population intelligente, active et laborieuse. Elle n'y a pas pris naissance, et c'est un de ces hasards trop fréquents dans la vie des peuples qui l'a conduite dans cette Délos asiatique.

Elle vit sous le gouvernement ferme, — très-ferme, — extrêmement-ferme même, d'un haut fonctionnaire qu'on appellerait en Europe un vice-roi et que l'on nomme dans cette île chinoise un Ro-ti-al.

En somme, grâce à la bonne volonté que chacun y met, grâce aussi à la bonhomie dont le Ro-ti-al accompagne sa fermeté, tout le monde serait assez tranquille s'il n'existait quelques insectes, — mouches du Coche, moustiques, etc., qui, à force de bourdonner aux oreilles du chef de cette petite colonie, lui suggèrent les idées les idées les plus étranges, et les résolutions les plus ..... pénibles.

Ainsi, cette population à contracté l'habitude bien inoffensive de célébrer chaque mois la fête d'une Divinité du pays connue et adorée sous le nom de Sainte-Touche. Et chaque solennité est l'objet de libations nombreuses, d'immolations de porcs, de coqs, de canards et autres animaux d'un commerce agréable — et sûr. Parfois, quand arrive le soir, quelques têtes s'égarent un peu et l'on pourrait voir des jambes plus disposées à dessiner un gracieux cancan qu'à ramener leur maître à son domicile.

Cela est de tradition, et le Ro-ti-al disait souvent en souriant :

« Bah ! Laissez-les boire, pourvu « qu'il ne fassent pas de bâteau ! »

(La construction des bâteaux avait été interdite dans l'île, à la suite d'une note diplomatique de Lord Palmerston, la vieille Albion étant toujours jalouse de sa suprématie sur les mers et de son autorité en Chine).

Mais les mouches du coche, ces éternels inutiles, ces déclassés, ces ambitieux à petite portée, pouvaient-elles laisser tout aller si bien ?

Elles ont si bien bourdonné, si bien harcelé, si bien piqué le Ro-ti-al, que, las de leurs insinuations et de leur insistance, il planté un beau jour son grand casque sur sa tête, prend sa grosse voix, sa voix de commandement, et dit à son mandarin, (à bon tons de manchettes).

— Écrivez !

Considérant que :

D'une part, les fêtes mensuelles de la Sainte Touche amènent de graves perturbations dans les cerveaux affaiblis de la population de l'île, —

D'autre part, le Peï-Hö, grâce aux nombreux emprunts que lui font chaque jour les pharmaciens de l'île, — est arrivé à un état sécheresse qui rappelle la poitrine d'une ambassadrice célèbre, — et qui permettait à une puce de s'y casser les pattes, ou à un chien de plomb d'y nager en toute sécurité;

Arrête:

Art. 1er. — Les pharmaciens chargés de droguer à raison de 1 frc. le Kilog. les habitants seront tenus de fermer leurs petites boîtes à poison, pendant un quart de lune.

Art. 2. — Il leur est interdit pendant ce temps de pratiquer aucune saignée sur le Peï-Hô.

Cinq minutes après, la nouvelle avait transpiré, — il fait si chaud là-bas; — et à la douleur des pharmaciens venait se joindre la consternation de la population, qui se disait:

— C'est roide, tout de même! Parce que 30 ou 40 Chinois se sont un peu égayés, nous allons être privés de médicaments pendant un quart de lune? Parce que les pharmaciens ne se conforment pas au Codex, nous allons être privés de, etc., etc..

Et toute une série de lamentations!

— Mais ce n'est pas possible! ce n'est pas le Ro-ti-al, — toujours si juste, — qui peut sevrer toute une population pour la faute de quelques-uns!

Non, certes, ce n'est pas lui!

Mais, mes pauvres enfants, vous ne connaissez pas les mouches du coche!....

Voilà mon histoire Chinoise

Mais ne croyez pas que la Chine ait le privilège exclusif, le monopole des excentricités

Nous avons ici, autour de nous, une petite manie que le climat tend sans doute à développer, et qui consiste à vouloir se reconnaître partout et toujours. Vous ne pouvez pas dessiner un cornichon, sans que vingt personnes s'écrient: Quelle audace! Ils publient mon portrait!

Vous ne pouvez pas traiter un bonhomme quelconque de farceur, sans que MM. tels et tels ne protestent en disant qu'on les insulte!

Mais, Messieurs, de grâce, ne cherchez donc ni portraits. ni allusions, ni personnalités, là où nous n'en mettons pas! nous rions à la bonne flanquette avec les gens d'esprit, faites comme eux, riez, — ou faites comme nous, — donnez votre démission, — et restons bons amis.

Que diable! si l'on ne peut plus rire dans ce beau pays de France!

Est-ce que cette manie de trouver des ressemblances n'a pas été jusqu'à chercher celle de notre dessinateur dans le frontispice du Raseur, dans cette figure grotesque qui nous sert d'enseigne?..

Certes, notre dessinateur est bien laid, avec ses yeux en capote de cabriolet et son nez qui revient du musée Campana; — mais, enfin, il ne pose pas encore pour les mascarons.

LES CRYPTOGAMES.

«........ Parmi les Cryptogames comestibles, il ne faut pas oublier les champignons qui réservent de précieuses jouissances au véritable gourmet. Mais leurs nombreuses variétés ne présentent pas toutes des qualités égales; quelques unes sont insipides, d'autres ont une saveur désagréable, d'autres enfin, sont absolument funestes.

« Il est donc indispensable d'être parfaitement édifié sur la valeur réelle de chaque espèce

« Les champignons insipides se reconnaissent à la forme grêle de leur pédoncule, tout-à-fait en désaccord avec les proportions ambitieux de leur tête ou calotte. Au premier abord, et pour les gens très myopes, leur forme a un aspect assez élégant. Mais pour les appréciateurs plus clairvoyants, ils offrent tout simplement l'image d'une canne de tambour-maître en faction sous une ombrelle.

« Ils se trahissent par leur caractère cassant et leur saveur aigre et désagréable

« Les champignons dangereux demandent une étude particulière. Leur extérieur a toute la noblesse, toute la majesté de notre illustre Cèpe. Leur taille élevée, leurs formes avantageuses, leur attitude, tout indique la race. Mais, hélas! appliquez leur la pierre de touche, entr'ouvrez cette chair qui semble si fraîche, si blonde, si ferme, et vous le verrez bleuir d'abord, puis noircir à vue d'œil.

« Ah! fi! le vilain champignon!

« Il est une troisième espèce que je ne saurais déconseiller, mais qui cependant ne convient pas à tout le monde. Ses qualités onctueuses, sa saveur douce et pénétrante flattent les estomacs faibles, mais ne sauraient satisfaire les palais robustes qui ont besoin de nourriture plus forte et de saveurs plus accentuées. On la reconnait à sa couleur sombre, à l'élévation de sa taille, à son attitude à la fois digne et humble son parfum rappelle la myrrhe, et je sais des gens qui s'en délectent... »

BRILLAT-SAVARIN (Physiologie du goût)

Nous regrettons que l'abondance des matières, qui déjà n'avait pas permis de publier le 1er poisson d'avril de Mr Alphonse Pélissier, ne nous permette pas encore de le donner aujourd'hui ainsi que le 2e. Nous espérons pouvoir insérer dans le prochain numéro ces deux charmantes poésies, elles seront suivies des 3e et 4e poisson d'avril, qui paraît il, sont encore plus jolis que les deux premiers.

Nevers, Lith. Hocquard, rue au Croissant

N° 12 DIMANCHE 1ère Année 22 AVRIL 1877
LE RASEUR CALÉDONIEN
SUSPENDU !

CHRONIQUE

Je vous l'avais bien dit, l'autre jour, que le climat avait développé chez les Néo-Calédoniens une singulière affection que l'on pourrait nommer une Vanité-Entérite, et qui se traduit par la manie de se reconnaître dans tout portrait, dans tout article qui se publie, et de supposer que les dessinateurs ou les journalistes n'ont d'autre préoccupation que de bâtir des piédestaux pour ces grotesques vanités.

C'est à faire trembler l'Obélisque!

Mais la maladie en question entre dans une phase nouvelle. Aujourd'hui, l'imbécile qui a cru se reconnaître dans un dessin, et qui s'apprêtait à jeter les hauts cris, bien qu'au fond, il fût enchanté de croire qu'on s'occupait de sa petite personne; aujourd'hui, disons-nous, cet imbécile se trouve en présence de railleurs, à qui il dit avec un feint courroux: — Comprenez-vous qu'ils se permettent de m'attraper, moi qui pourrais manger un bœuf à chaque repas, — si je n'avais un estomac de poisson? Un homme comme moi, oui, seul rappelle dans l'île, que la mode des vestons trop courts, des pantalons trop étroits et des chapeaux ridicules a toujours de fervents adorateurs? Moi qui... moi qui seul ici jouis de cet organe enchanteur qu'on apprécie si fort à la Chapelle Sixtine? Moi qui... moi que....

Et tout le monde de lui répondre:
— Que voulez-vous ces gens là ne respectent rien! Mais pour être attaqué, là, franchement vous êtes solidement attrapé. — Et vous savez, entre nous, les rieurs ne sont pas de votre côté.

Sur mon non mais passé dans la deuxième phase de la fameuse Vanité-Entérite; au lieu de laisser croire que c'est lui qui est en jeu, il va crier partout que c'est Monsieur le.... ceci, ou Monsieur le cela que ces abominables journalistes s'acharnent à raser. Et d'élever bien haut ses petits bras, et de pousser bien haut ses petits cris de chapon, en se lamentant sur l'abomination de la désolation.

Le fâcheux de l'affaire, c'est que ces petits Messieurs qui viennent on ne sait d'où, et qui vont on ne sait où, trouvent des oreilles complaisantes pour recueillir leurs plaintes idiotes, et rencontrent des gens intelligents pour les écouter.

Franchement, ça n'est pas drôle et il serait à désirer que les hommes qui se sont créé une situation élevée par leurs talents et les services qu'ils ont rendus au pays, n'eussent pas auprès d'eux, ces insupportables parasites, ces petits insectes dont nous vous avons déjà parlé.

Mais voilà que les champignons s'en mêlent. Voulez-vous croire que ces insipides veulent devenir dangereux? Toujours la deuxième phase de la Vanité-Entérite! J'en connais un, qui mécontent de ce qu'il croit être son portrait, va dire partout que notre dessinateur, foulant aux pieds tout ce qui est respectable, ose s'attaquer à ce qu'il y a de plus élevé.

Mais, mon pauvre petit champignon, comprenez donc, si vous le pouvez toutefois, une chose une fois pour toutes: c'est que nous ne faisons jamais de personnalités, que nous pouvons réunir dans un type des défauts ou des travers appartenant à un groupe ou à une classe de personnes, et que nous agrémentons notre type d'allusions plus ou moins spirituelles; mais ceci est l'affaire de nos lecteurs, et non pas la vôtre petit champignon mon ami. — Seulement nous ne nous occupons ni des inutiles, ni incapables. Retenez bien je vous prie cette petite déclaration.

Si vous vous étiez contenté de conter vos insinuations à Bébé, nous vous écouté avec indifférence. Mais, Bébé suffit plus, il vous faut d'autres aud... Eh! bien, petit Champignon, restez... nous vous laisserons le repos qui app... de droit à un cryptogame de votre...

N'est-ce pas petit Champignon vous serez sage désormais

Mais vous trouvez peut-être, a... teur, que c'est beaucoup s'occuper de platitudes.

Pour vous dédommager de ce long coup de rasoir je vais vous a... une bonne nouvelle.

Malgré la terrible menace du Dante:
« Laissez ici toute espérance! » Les portes de
l'enfer se sont entrouvertes, et trois de nos amis
trois hommes de cœur et d'intelligence ont revu
la lumière du Soleil

Alphonse Humbert, Trinquet et Urbain é-
taient attendus ces jours ci à la Presqu'île
Ducos.

Enfin c'est bien peu, trois! mais l'espoir
est entré par la porte entr'ouverte, et est venu
consoler ces pauvres cœurs navrés!...

Nouvelles d'outre-mer

Les députés de la Seine se sont réunis, le
11 janvier dernier, pour causer un peu de
la Presqu'île Ducos, de l'Île des Pins et
de la Cantine à Pillu.

La réunion a longuement agité la
question des bureaux de tabac

Mr Gambetta a fortement insisté pour
qu'on ne fit ni nouvelle proposition
d'amnistie, ni proposition analogue à celle
de Mr Gatineau; mais pour qu'on résolut
la question par voie d'entente directe avec
le gouvernement.

Mr Gambetta s'est prononcé contre une
elle proposition législative, pour diver-
ses, toutes plus claires et plus concluan-
tes que les autres; il a bien reconnu
'amnistie ferait plaisir aux déportés
éral; mais il paraît que ça gênerait
ateurs.

tout concilier, s'est écrié le député
leville, dans une éloquente péroraison
et concilier et ne pas créer de conflit.
Se borner à demander au Maréchal
e des condamnés par contumace »

proposition faite par Mr Gambetta a été
à l'unanimité par la réunion des
s de la Seine.

Gambetta a ensuite soumis à la réunion
note établissant sept catégories pour les
es; la première comprendrait les cantiniers

exclusivement; la deuxième les épiciers, quincail-
liers, marchands de tabacs et autres cacherots
divers de la déportation, et la troisième les
ceux qui ne travaillent que le dimanche
matin. Nous n'avons pu nous procurer que
des renseignements très incomplets au sujet
des quatre dernières catégories

Deux jours après, les députés de la Seine
ont eu avec Mr Jules Simon une longue entrevue
dont voici le procès verbal officiel communiqué le
soir même aux journaux, et envoyé par la poste
au Rageur Calédonien

« Les députés de la Seine furent reçus aujourd'hui par M.M. Jules Simon, Martel
& Méline. Les députés exposèrent leurs vœux et
leurs réclamations relativement à l'exercice du
droit de grâce et en firent l'objet d'une note
qu'ils remirent à Mr Martel, qui, d'accord
avec Mr Jules Simon promit de l'examiner
avec la plus sérieuse attention et de faire
connaître dans une réunion ultérieure et
prochaine le résultat de cet examen

Les renseignements particuliers du Rageur
lui permettent de compléter ce procès verbal
un peu sec.

Mr Jules Simon, notre ancien Cousin
de l'Internationale (No 606) aujourd'hui
sénateur, Président du conseil des Ministres
a versé un pleur au souvenir des déportés
ses anciens électeurs, et il s'est particu-
lièrement attendri sur la malheureu-
-se destinée des contumaces.

Le gouvernement étudiera sérieusement
la question de l'extension des grâces
à cette intéressante catégorie de condamnés
Dans tous les cas on étendra le nombre des
membres de la Commission des grâces et
l'on y fera entrer des sénateurs et des dépu-
-tés de la Seine, du Rhône et des Bouches-
-du-Rhône.

Nous avons donc tout lieu d'espérer que
nous serons encore ici dans une dizaine
d'années; mais, par contre, Mr Ranc
ami de M. Gambetta est condamné à
mort par contumace comme ancien

membre de la Commune, sera député dans six mois

Mr Thiers s'est fait excuser par Mr Evrard il avait mal aux cheveux pour avoir dîné la veille chez le Nonce Apostolique. Mr Thiers a déclaré s'associer à la pensée généreuse de ses collègues: il secondera leurs démarches et appuiera l'adoption de larges mesures de clémence «Il ne faut pas, aurait dit l'éminent Homme d'état, que le XXème siècle en s'ouvrant, voie des condamnés de la Commune en Nouvelle Calédonie.»

Dépêches Télégraphiques
Service spécial du Raseur
Londres 30 Mars

Le torchon brûle en Orient.

La Russie a mobilisé 800,000 hommes le Czar veut s'expliquer au poste.

Londres 1er Avril

La paix est assurée: les Turcs n'ont violé cette semaine, en Bulgarie, que deux-cent-vingt-trois femmes et quatre-cent-cinquante-deux jeunes filles.

L'Angleterre et toutes les Puissances ont signé le protocole imposé par le Cabinet de St Petersbourg, qui ne trouve pas drôle ce genre de plaisanterie.

Toutefois l'Angleterre demande que le protocole soit considéré comme nul si la Russie ne démobilise pas ses 800,000 hommes

St Petersbourg 3 Avril

La Russie ne veut rien démobi- liser du tout.

Berlin 5 Avril

Bismarck n'est pas content. il a eu des mots avec Guillaume et lui a flanqué ses huits jours.

Naturellement l'Empereur a refusé et lui a simplement accordé quinze jours de vacances comme en 1866 et en 1870.

La danse va commencer.

Paris 6 Avril

Vu la gravité de la situation extérieure, la Chambre a voté l'amnistie pour les Cantiniers. mais en réponse à une interpellation de Mgneur Dupanloup le ministère a promis la suppression du Raseur.

> Nous avons la douleur d'annoncer à nos abonnés que le Raseur est dissous jusqu'à nouvel ordre

Nous recommandons vivement à n tous les pâtes alimentaires que fabrique Camarade Borel, et qui vont figurer à l' sition de Nouméa.

Il est de notre ytérèt à tous d tenir les efforts de nos travailleurs.

Nous comptons sur le bon vouloir amis du Raseur pour apporter a cette vie nouvelle l'appui fraternel du besoin chaque industrie à ses di

Le rédacteur gérant.

P. Geofroy.

Imp. Eth. Hocquard, Ile des Pins.